FRAG doch mal...

Deutschland-Atlas

XENOS

Dieses Buch gehört:

ISBN 978-3-8212-2827-3

Verantwortlich für diese Ausgabe:
© XENOS Verlagsgesellschaft mbH
Am Hehsel 40, 22339 Hamburg

Illustration: Günter Phiesel, Klaus Henkelmann
Text: Antje Bones, Hamburg
Grafische Gestaltung, Satz: Gerlinde Conrad, Hamburg

Printed in Italy

Foto-Bildnachweis:
Pixelio.de (S. 4 (3), S. 5 (3), S. 6, S. 9, S. 13 (oben und unten), S. 18/19, S. 22 (Mitte und unten), S. 23 (3), S. 24 (oben), S. 25 (unten), S. 30 (5), S. 31 (8), S. 37, S. 38 (unten links und unten rechts), S. 39 (oben rechts, Mitte rechts, unten links und unten rechts), S. 41); Dinosaurier-Freilichtmuseum, Münchehagen (S. 11) ; www.waldhaeusl.de (S. 22 oben); Miniatur Wunderland Hamburg GmbH/Frank Zarges (S. 14); © BTZ/2006 (S. 17); Landesamt für Denkmalpflege und Archäologie Sachsen-Anhalt – Landesmuseum für Vorgeschichte, Fotograf: Juraj Lipták (S. 20); Deutscher Bundestag, Parlamentsarchiv, Lichtblick/Achim Melde (S. 12/13 oben); Deutscher Bundestag, Parlamentsarchiv, Stephan Erfurt (S. 12/13 unten); Deutscher Bundestag, Parlamentsarchiv, Lichtblick/Andi Hill (S. 13 Mitte); Berliner Artenschutz Team – BAT-e.V., Thomas Müller (S. 25 ganz unten); www.FotoNatur.de (S. 26); Neandertal Museum/C. Creutz (S. 27); Fraport AG (S. 28); Tourismusverband Kyffhäuser Bad Frankenhausen (S. 32); Kosmonautenzentrum „Sigmund Jähn“ (2, S. 35); Karl-May-Spiele, zeitpunkte medien (S. 38 oben); Wolfgang Reiher/Leo Seidel, www.fotos-olympiastadion.de (S. 39 oben links); Atta-Höhle-Attendorn (S. 39 Mitte links); Archiv der Luftschiffbau Zeppelin GmbH Friedrichshafen (S. 43); © Kreisstadt Homburg/Schlossberghöhlen 2006, Uwe Welz (S. 44)

Inhalt

Deutschland – Fakten und Feste

Hauptstadt: Berlin
Fläche: 357.093 km²
Einwohnerzahl: 82,4 Mio.

Nachbarländer:
Dänemark (DK),
Polen (PL),
Tschechien (CZ),
Österreich (A),
Schweiz (CH),
Frankreich (F),
Luxemburg (L),
Belgien (B) und
Niederlande (NL)

Leuchtturm an der Nordsee

Komm mit der Maus und ihren Freunden auf eine Reise durch Deutschland! Quer durchs Land und zu allen Jahreszeiten gibt es viel zu entdecken und zu erleben: An den langen **Sandstränden** der Nord- und Ostseeküste und den vielen Seen überall im Land kann man im Sommer wunderbar baden oder segeln gehen. Die großen **Flüsse** Rhein, Weser, Elbe und Donau kannst du per Schiff erkunden. Vom Frühjahr bis Herbst sind die **Berge** richtige Wanderparadiese und im Winter vor allem prima Skipisten.

Elbsandsteingebirge

Eine echte Besonderheit ist die **Deutsche Märchenstraße**. Sie ist über 600 Kilometer lang, startet in Hanau, wo die Gebrüder Grimm geboren wurden, und endet in Bremen bei den Stadtmusikanten. Die Route ist mit dem herzförmigen Kopf einer Märchenfee ausgeschildert. Sie führt an Orte, die mit Märchen und Sagen zu tun haben.

Das Gebrüder-Grimm-Denkmal in Hanau

Karneval

Eine der bekanntesten Attraktionen Deutschlands ist das **Oktoberfest** in München. Es ist das größte Volksfest der Welt! Aber auch Veranstaltungen wie der **Kölner Karneval** oder die **Mainzer Fastnacht** haben eine lange Tradition. Sie werden seit Beginn des 19. Jahrhunderts gefeiert. Ein etwas anderes Fest ist aus einem alten Aberglauben entstanden: die **Walpurgisnacht**. Es heißt, dass sich in der Nacht vom 30. April auf den 1. Mai Hexen mit dem Teufel auf dem Brocken versammeln. Der Brocken ist ein Berg im Harz, der auch Blocksberg genannt wird. Noch heute wird dort das Hexenfest gefeiert.

Walpurgisnacht

Die Landwirtschaft hatte in Deutschland schon immer große Bedeutung. Deshalb ist es nicht verwunderlich, dass im Herbst das **Erntedankfest** gefeiert wird. Es ist zwar heute nicht mehr ganz so verbreitet wie früher, aber in einigen Gegenden, vor allem im Süden, ziehen noch immer schön geschmückte Erntedankzüge durch die Straßen.

Geschmückter Erntedank-Wagen

Also, viel Spaß bei deiner Entdeckungsreise!

FRAG doch mal ...

Warum heißt Deutschland eigentlich Deutschland?

Der Begriff „deutsch" geht auf das althochdeutsche Wort „theodisk" oder „diutisk" zurück, was so viel bedeutete wie „volksgemäß" oder „volkssprachlich". So nannte man das einfache Volk, das im Gegensatz zu den Gelehrten kein Latein konnte.

6

Schleswig-Holstein

Landeshauptstadt: Kiel
Fläche: 15.799 km²
Einwohnerzahl: 2,83 Mio.

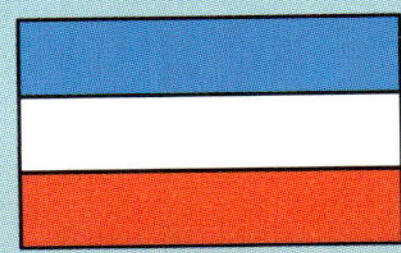

Schleswig-Holstein ist das nördlichste Bundesland Deutschlands und liegt zwischen zwei Meeren, der Nord- und der Ostsee. Die Landschaft ist flach, man nennt sie auch das „platte Land". Und weil dort die steife Brise vom Meer weht, gibt es in Schleswig-Holstein unzählige Mühlen und **Windkraftanlagen**. Die höchste Stelle ist mit nur 168 Metern der **Bungsberg**. Bei gutem Wetter kannst du von ihm aus die Ostsee sehen.

Windenergieanlage

Die zweitgrößte Stadt Schleswig-Holsteins ist **Lübeck**. Dort steht das **Holstentor**. Das Stadttor gehörte im 15. Jahrhundert zu den Befestigungsanlagen der Stadt. Heute ist es ein Museum. Vielleicht hast du das Holstentor ja schon einmal auf der Rückseite einer deutschen Zwei-Euro-Münze gesehen. Außerdem ist Lübeck für sein leckeres Marzipan bekannt.

Das Wahrzeichen der Stadt Lübeck ist das Holstentor

Die Landeshauptstadt **Kiel** liegt mit der Kieler Förde an der Ostseeküste. Eine Förde ist eine Meeresbucht oder ein Meeresarm, der während der Eiszeit durch Gletscher sozusagen ausgeschliffen wurde. Rund um den Kieler Hafen findet jedes Jahr die **Kieler Woche** statt. Tausende von Besuchern feiern dann die größte Segelsportveranstaltung der Welt!

Große Windjammerparade bei der Kieler Woche

Im Hafen wird auch hart gearbeitet: Täglich wird er von vielen Schiffen und Kuttern angesteuert, die vom Fischfang zurückkehren. Für Fähr- und Kreuzfahrten ist der **Kieler Hafen** genauso wichtig wie für den Güterverkehr nach Skandinavien und Osteuropa.

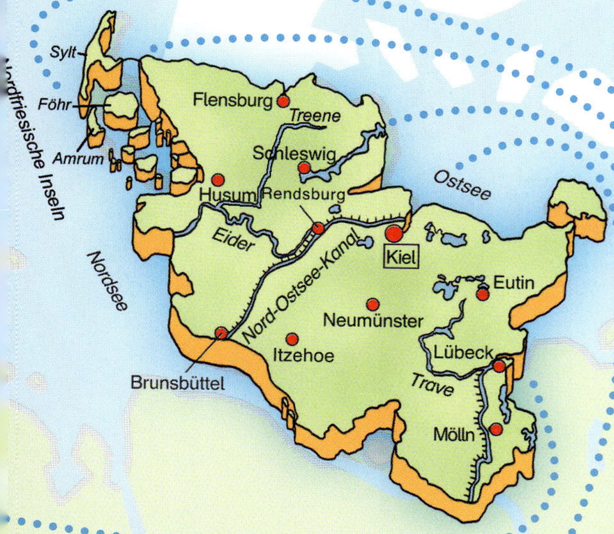

Der Leuchtturm von Pellworm

Tolle Ausflugsziele und Urlaubsorte sind die **Nordfriesischen Inseln**: Sylt, Amrum, Föhr, Hallig Hooge und Pellworm. Der berühmte **Leuchtturm von Pellworm** ist aus 608 einzelnen Stahlteilen zusammengebaut. Unglaubliche 16.400 Schrauben halten ihn zusammen. Sein Licht leitet die Schiffe durch die Norderhever nach Husum.

Der Nord-Ostsee-Kanal wurde von 1887 bis 1895 gebaut. Er ist eine wichtige Abkürzung für die Schiffe.

Der elf Kilometer lange **Hindenburgdamm** verbindet die Insel **Sylt** mit dem Festland von Schleswig-Holstein. Auf diesem Damm fahren nur Züge, und zwar täglich ungefähr 100 Stück! Die Hälfte davon sind sogenannte Autozüge, denn sie transportieren die Autos der Menschen, die auf Sylt Ferien machen wollen.

Im Wikinger Museum Haithabu erfährst du alles über das Leben der Wikinger

FRAG *doch mal...*

Was brachte die Wikinger nach Haithabu?

Haithabu liegt an der schmalsten Stelle zwischen Nord- und Ostsee. Anstatt den langen Seeweg über Skagen in Dänemark zu nehmen, brauchten die Wikinger ihre Waren nur noch 20 Kilometer bis zur Treene zu bringen, von wo aus sie über die Eider zur Nordsee segeln konnten. So wurde die Siedlung im 9. und 10. Jahrhundert einer der wichtigsten Handelsstützpunkte Europas.

Mecklenburg-Vorpommern

Landeshauptstadt: Schwerin
Fläche: 23.180 km²
Einwohnerzahl: 1,7 Mio.

Kreidefelsen auf Rügen

Mecklenburg-Vorpommern liegt im Nordosten Deutschlands. Es hat mit 1.700 Kilometern die längste Küste von allen deutschen Bundesländern. Zu dieser Region gehören auch die Inseln Usedom, Poel, Hiddensee und **Rügen**. Ganz im Norden Rügens liegt das **Kap Arkona**, eine 45 Meter hohe Steilküste aus Kreidefelsen.

Der Stadthafen von Stralsund

Der Hafen der **Hansestadt Stralsund** war schon im Mittelalter ein wichtiger Ort für den Handel und das Umladen von Gütern. Heute können dort Getreide, Gips und Metall direkt vom Schiff in die Bahn geladen werden. Der Stadthafen, das ist der Teil des Hafens direkt an der Altstadt, wird für Passagierschiffe und Sportboote genutzt.

Der „Alte Schwede“ in Wismar

An der Südspitze der Wismarbucht liegt die **Hansestadt Wismar**. Auf dem Marktplatz der Altstadt steht das Bürgerhaus **„Alter Schwede“**. Dieser Ausdruck stammt noch aus dem Jahre 1632, als Wismar von Schweden besetzt war.

Die Hauptstadt **Schwerin** wird auch die „Stadt der sieben Seen" genannt. Und wo findest du das **Schweriner Schloss**, das Wahrzeichen von Schwerin? Auf einer Insel natürlich! Es liegt mitten im Schweriner See. In dem Schloss ist heute der Landtag von Mecklenburg-Vorpommern untergebracht.

Das Schweriner Schloss

FRAG doch mal …

Was ist eine Hansestadt?

Unter dem Namen **Hanse** haben sich zwischen dem 12. und 17. Jahrhundert Kaufleute aus Norddeutschland zusammengeschlossen. Die Hanse setzte sich für den sicheren Handel mit anderen Ländern ein, entwickelte neue Transport-Schiffe wie die Hansekogge und fand neue Handelsrouten. Eine Hansestadt ist also eine Stadt, die damals zu dieser Vereinigung von Kaufleuten gehörte.

Ein anderes Schloss Mecklenburg-Vorpommerns ist das prunkvolle **Schloss Ludwigslust**. 1763 bis 1837 war es Residenz der Großherzöge von Mecklenburg-Schwerin. Wenn du Ludwigslust besuchst, kannst du in die vergangene Zeit eintauchen, denn das Schloss bildet den Mittelpunkt einer über 200 Jahre alten, noch heute erhaltenen Stadtanlage.

Wasser, Wasser und noch mal Wasser: Mecklenburg-Vorpommern liegt an der Ostsee. Dort gibt es viele tolle Strände. Und im Landesinneren machen über 1.000 Seen, Flüsse und Kanäle die sogenannte **Mecklenburgische Seenplatte** zum größten Seengebiet in ganz Europa.

Heute ist im Schloss Ludwigslust ein Museum

Niedersachsen

10

Landeshauptstadt: Hannover
Fläche: 47.624 km²
Einwohnerzahl: 8,0 Mio.

Niedersachsen ist nach Bayern das zweitgrößte Bundesland und liegt im Nordwesten Deutschlands. Dort gibt es viel flaches Land, aber auch das nördlichste Mittelgebirge Deutschlands, den **Harz**, mit bis zu 1.141 Meter hohen Bergen.

Heidschnucken in der Lüneburger Heide

Wo sich früher ein riesiger Wald befand, ist heute die größte Heidelandschaft Europas: die **Lüneburger Heide**. Dort leben die einzigen Schafe, die sich ausschließlich von Besenheide, Baumkeimlingen und Gräsern ernähren. Sie heißen **Heidschnucken**. „Schnucken" bedeutet so viel wie naschen – und ohne das Naschen würde aus der Heidelandschaft ziemlich schnell wieder ein riesiger Wald werden.

Der Irrgarten in den Königlichen Gärten Herrenhausen

Das Osnabrücker Schloss

In der Landeshauptstadt **Hannover** kannst du im Irrgarten der **Königlichen Gärten Herrenhausen** deinen Orientierungssinn testen. Die Hecke des achteckigen Irrgartens im Großen Garten ist insgesamt 500 Meter lang. Aber vielleicht findest du ja den kürzesten Weg zur Mitte des Labyrinths – der ist nämlich nur 15 Meter lang!

Die Bockwindmühle gehört zu den ältesten Windmühlenarten

In **Gifhorn** befindet sich das einzige internationale **Mühlenmuseum** der Welt. Dort dreht sich alles um die zurzeit 16 Originalmühlen. Die von Wind oder Wasser betriebenen Mühlen erleichterten früher den Menschen die Arbeit, zum Beispiel beim Mahlen von Getreide.

FRAG doch mal ... Von welcher Stadt ist die Rede?

Der Sage nach gab sich im Jahr 1284 ein seltsamer Mann in einer Stadt in Niedersachsen als Rattenfänger aus. Der Fremde versprach, gegen einen Lohn die Stadt von allen Ratten und Mäusen zu befreien. Dazu spielte er auf einer Flöte, und schon bald krochen die kleinen Tiere aus ihren Löchern und folgten dem Mann. So lockte er sie aus der Stadt – bis in die Weser, wo dann alle Ratten und Mäuse ertranken.

Lösung: Hameln.

In **Osnabrück** steht das größte **Barockschloss** Niedersachsens. „Barock" bezeichnet einen Stil, der etwa vom Ende des 16. bis Ende des 18. Jahrhunderts modern war. Kleider, Kunstwerke und Gebäude wurden damals mit kostbaren Materialien und vielen Verzierungen besonders luxuriös und prunkvoll gestaltet.

Noch weiter zurück in die Vergangenheit geht's im **Dinosaurierpark Münchehagen**. Vor ungefähr 140 Millionen Jahren lebten in der Nähe des **Steinhuder Meeres** riesige Dinosaurierherden. Das beweisen Fußspuren, die du in Deutschlands größtem Dinosaurier-Freilicht-Museum bewundern kannst.

Auf den Spuren der Dinosaurier

Wer regiert?
Politik in Deutschland!

Die 16 deutschen Bundesländer und ihre Landeshauptstädte

In der Kuppel auf dem Reichstagsgebäude

Deutschland ist eine **Bundesrepublik**, die aus einem Bund von 16 Ländern besteht. Jedes Bundesland hat seine eigene Landeshauptstadt und seine eigene Regierung. Die Regierung der gesamten Bundesrepublik Deutschland führt die Bundeskanzlerin oder der Bundeskanzler in Berlin, Deutschlands Hauptstadt.

Schloss Bellevue

Die Bundeskanzlerin oder der Bundeskanzler ist Chef der Bundesregierung. Das Staatsoberhaupt ist aber der **Bundespräsident**. Er regiert nicht, sondern repräsentiert Deutschland. Im Schloss Bellevue arbeitet der Bundespräsident und empfängt wichtige Politiker aus anderen Ländern.

Von 1949 bis 1990 gab es die Bundesrepublik Deutschland (BRD) im Westen, und im Osten lag die Deutsche Demokratische Republik (DDR). Seit 1990 ist Deutschland wiedervereinigt und heißt Bundesrepublik Deutschland.

Der **Tag der Deutschen Einheit** am 3. Oktober ist seit 1990 Deutschlands Nationalfeiertag.

Im großen Plenarsaal des **Reichstagsgebäudes** tagt der Bundestag. Auf dem Dach des Reichstags befindet sich eine besondere Attraktion: eine Kuppel aus Glas und Stahl. Über zwei Rampen kannst du auf eine 40 Meter hohe Aussichtsplattform steigen und Berlin von oben anschauen.

Das Reichstagsgebäude mit dem Bundestag

Der Plenarsaal des Bundestags

Deutschland ist eine demokratische Republik. Das bedeutet, dass das Volk Vertreter wählt, die in seinem Namen regieren. Die Gruppe dieser Vertreter nennt man **Parlament**. Das deutsche Parlament heißt **Bundestag**. Er bleibt in der Regel für einen Zeitraum von vier Jahren bestehen. Nach dieser Zeit wird neu gewählt. Der Bundestag wählt die **Bundeskanzlerin** oder den **Bundeskanzler**.

Die Flagge der Bundesrepublik Deutschland hat die Farben Schwarz, Rot und Gold. Sie ist eine **Trikolore**. So nennt man Flaggen mit drei („tri“) Farben („color“). Der **Bundesadler** ist das Wappentier der Bundesrepublik. Er steht für Mut, Stärke und Freiheit. Du kannst ihn auf den deutschen Euromünzen sehen. Im Reichstagsgebäude in Berlin hängt eine Darstellung des Bundesadlers. Weil dieser Adler etwas dick aussieht, hat er den Spitznamen „Fette Henne“ bekommen.

Und dann gibt es noch den **Bundesrat**. Dessen Mitglieder werden von den Landesregierungen der Bundesländer entsandt. Zusammen machen Bundestag und Bundesrat die Gesetze.

Hamburg

14

Freie und Hansestadt
Fläche: 755 km²
Einwohnerzahl: 1,75 Mio.

Hamburg wird offiziell Freie und Hansestadt Hamburg genannt und ist ein Stadtstaat, das heißt, gleichzeitig Stadt und Bundesland. In Hamburg gibt es mehr Brücken als in Venedig, Amsterdam und London zusammen – nämlich über 2.500 Stück. Sie führen über die vielen Flüsschen und Fleete, so nennen die Hamburger Kanäle.

Hamburg liegt nur 100 Kilometer vom Meer entfernt, so dass sogar noch im **Hamburger Hafen** Ebbe und Flut herrschen. Es ist der größte Seehafen in Deutschland. Er wird von Seeschiffen aus aller Welt angesteuert, die mit Containern voller Kakaobohnen, Turnschuhen oder Bananen über die Ozeane bis nach Hamburg gefahren sind.

Die Speicherstadt

Im Freihafen wurde zum Ende des 19. Jahrhunderts die **Speicherstadt** gebaut. Die hohen Lagerhäuser hat man auf Pfählen errichtet, die fest im Grund der Elbe verankert wurden. Dort lagern unter anderem Kaffee, Tee und Gewürze.

Das Museumsschiff Cap San Diego

Eine noch nicht so alte Attraktion in der Speicherstadt ist das **Miniatur Wunderland** mit der größten Modelleisenbahnanlage der Welt. Dort darf man nicht nur zuschauen, sondern selbst Züge oder Windräder starten.

In ihrem alten Heimathafen Hamburg liegt seit 1986 auch die **Cap San Diego** – das größte seetüchtige Museums-Frachtschiff der Welt. An Bord kannst du viel über die Geschichte der Seefahrt erfahren.

Modelleisenbahn im Miniatur Wunderland

Das Chilehaus

Das **Chilehaus** hat die Form eines Schiffs mit 2.800 Fenstern. Ein reicher Hamburger Kaufmann, der in Chile sein Vermögen mit Salpeter (einem wertvollen Rohstoff für die Herstellung von Dünger und Sprengstoff) gemacht hatte, ließ es von 1922 bis 1924 erbauen. Das Chilehaus besteht aus 4,8 Millionen Backsteinen. Wenn man sie alle hintereinanderlegte, würden die Steine von Hamburg bis nach Rom, Italiens Hauptstadt, reichen.

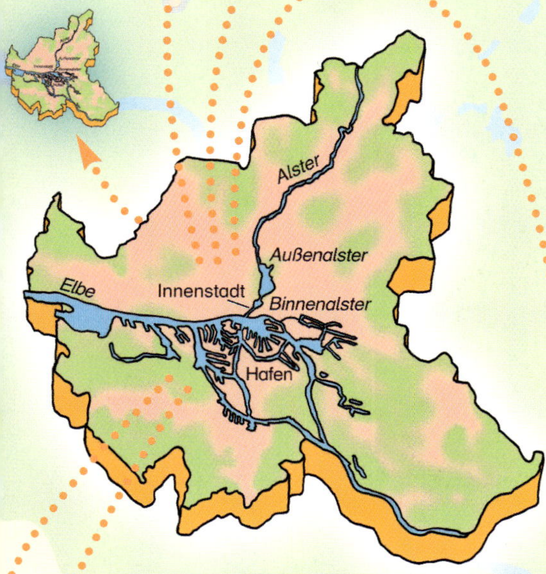

Hamburger Dom

St.-Michaelis-Kirche

FRAG doch mal ...

Was ist das Wahrzeichen von Hamburg?

Das Wahrzeichen Hamburgs ist der **Michel**. So nennen die Hamburger liebevoll die St.-Michaelis-Kirche aus dem 18. Jahrhundert. Aber wenn die Hamburger sagen, sie gehen zum **Dom**, dann meinen sie keine Kirche, sondern den größten Jahrmarkt in Norddeutschland, der im Frühling, Sommer und Winter stattfindet.

Bremen

16

Freie und Hansestadt
Fläche: 404,28 km²
Einwohnerzahl: 0,66 Mio.

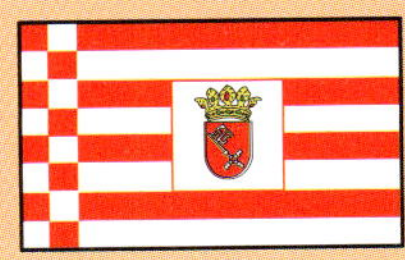

Bremen ist das kleinste Bundesland Deutschlands. Auch Bremen ist eine Freie und Hansestadt, die zusammen mit **Bremerhaven** einen sogenannten Zwei-Städte-Staat bildet. Weil ein Teil der Weser auszutrocknen drohte und die Schiffe deshalb Schwierigkeiten hatten, Bremen anzulaufen, hat der Bürgermeister im Jahr 1827 ein Stück Land an der Flussmündung gekauft. Dort entstand dann der neue Hafen von Bremen, „Bremer Haven“. So bilden die beiden Städte zwar ein Bundesland, sind aber durch niedersächsisches Gebiet voneinander getrennt.

Der Loschenturm

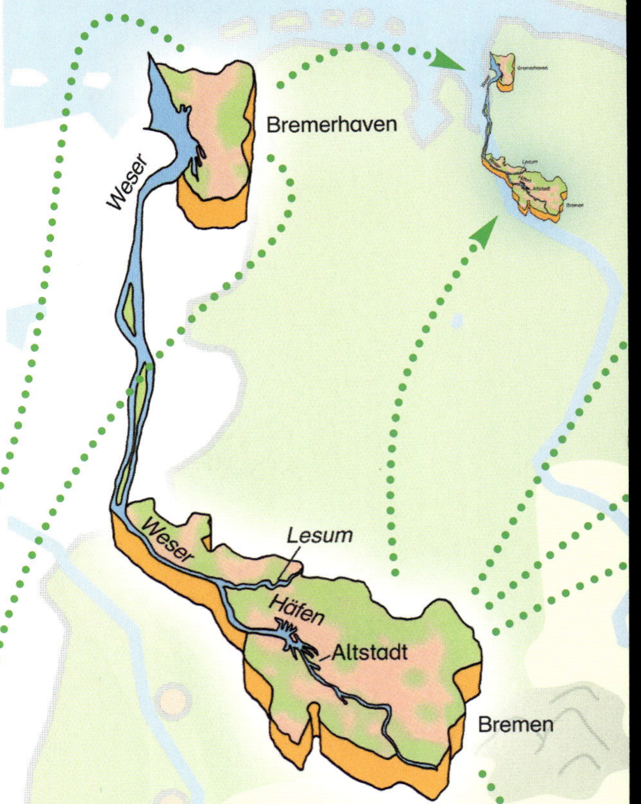

In **Bremerhaven** steht übrigens der älteste Festland-Leuchtturm der Nordseeküste: der **Loschenturm**.

Der größte Schatz des **Deutschen Schiffahrtsmuseums** in **Bremerhaven** ist die **Hansekogge** von 1380. Koggen waren die Fracht- und Kriegsschiffe der Hanse. Die Bremer Kogge besteht aus über 2.000 Einzelteilen, die 1962 aus dem Schlick der Weser geborgen und dann sorgfältig wieder zusammengebaut wurden. Nirgendwo auf der Welt gibt es ein so gut erhaltenes Schiff aus dem Mittelalter. Im Museum kannst du noch viele weitere Schiffe und Sehenswürdigkeiten der früheren Schifffahrt entdecken, zum Beispiel das erste deutsche Forschungsschiff, das ins Nordpolarmeer aufbrach, dem eisigen Meer rund um den Nordpol.

Die Hansekogge

Der Bremer Roland

Bremen ist eine der ältesten deutschen Städte. Und schon seit jeher sind die Bremer stolze Bürger und Kaufleute. Ein Symbol für diesen Stolz ist die **Roland-Statue**. Roland hieß ein mutiger Ritter, der für Karl den Großen kämpfte. Die Statue aus Stein steht auf dem Marktplatz und wacht über die Unabhängigkeit der Hansestadt. Der Legende nach soll Bremen so lange eine freie Stadt sein, wie der Roland steht.

Genauso alt wie der Roland, nämlich 600 Jahre, ist das **Rathaus von Bremen**.

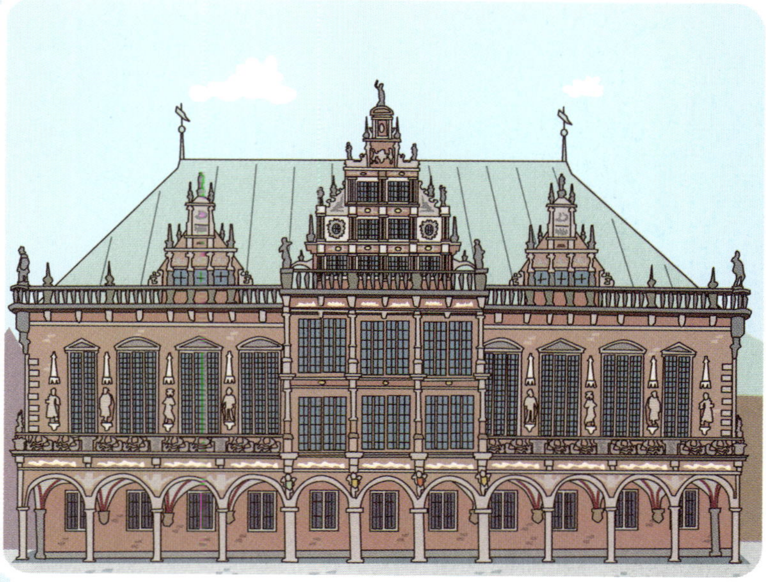

Das Bremer Rathaus

Die berühmtesten Bremer sind ein Esel, ein Hund, eine Katze und ein Hahn! Die vier sind als die **Bremer Stadtmusikanten** aus dem gleichnamigen Märchen der **Gebrüder Grimm** bekannt. Neben dem Rathaus steht seit 1953 eine Bronzestatue des tierischen Quartetts.

Bremer Altstadt „Schnoor"

FRAG doch mal...

Warum wird die Altstadt von Bremen Schnoor genannt?

Die historische Altstadt von Bremen heißt Schnoor, weil die kleinen Häuser aus dem 15. und 16. Jahrhundert ganz eng nebeneinander stehen. Das sieht so aus, als seien sie wie Perlen an einer Schnur aufgereiht. Und „Schnur" heißt auf Plattdeutsch, das früher auch in Bremen gesprochen wurde, **„Schnoor"**.

Brandenburg

Landeshauptstadt: Potsdam
Fläche: 29.479 km²
Einwohnerzahl: 2,55 Mio.

An vielen Orten in **Brandenburg** stößt man auf Spuren deutscher Geschichte, denn im ganzen Bundesland verteilen sich rund 700 Schlösser und Herrenhäuser. In der Landeshauptstadt **Potsdam** wohnten und regierten früher die preußischen Könige. Friedrich der Große, der von 1712 bis 1786 lebte, ließ dort seinen Sommersitz errichten, das **Schloss Sanssouci**, was übersetzt „ohne Sorge" heißt.

Das Schloss Sanssouci

Mittelalterliches Stadttor in Jüterbog

FRAG doch mal...

Was bedeutet eigentlich „Märkisches Mantua"?

Die Stadt **Jüterbog** wird manchmal auch „Märkisches Mantua" genannt. Dieser Ausdruck bezieht sich auf die Stadt Mantua, die in Norditalien liegt. Und weil es in Jüterbog genauso viele mittelalterliche Kirchen, Türme und Stadttore gibt wie in Mantua, werden diese beiden Städte oft miteinander verglichen.

In Brandenburg wird viel für den Naturschutz getan. Seit 1995 gibt es sogar einen **Nationalpark**, der ein Zuhause für bedrohte und geschützte Tiere geworden ist: Biber, Singschwäne, Eisvögel und Weißflügelseeschwalben mit ihren Jungen leben dort. In dem Nationalpark kannst du auch seltene Pflanzen entdecken, wie zum Beispiel die Flaumeiche. Die hat – wie der Name schon verrät – ganz weiche Blätter.

Außerdem leben in Brandenburg so viele **Weißstörche** wie sonst nirgendwo in Deutschland. Mehr als 1.300 Brutpaare werden jedes Jahr gezählt.

Störche in Brandenburg

Die **Plattenburg** ist die älteste noch erhaltene **Wasserburg** in Norddeutschland. Im Mittelalter war sie die Sommerresidenz der Bischöfe von Havelsberg. Du kannst den Rittersaal, den Ahnensaal und die Kapelle bewundern und jedes Jahr beim „Mittelalterlichen Burgspektakel“ im Juni die Zeit der Ritter wieder aufleben lassen.

Die Plattenburg

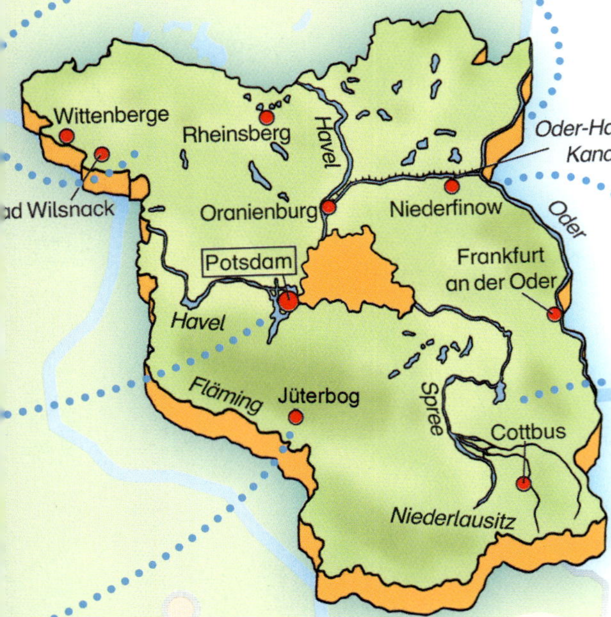

Kahnfahrt im Spreewald

Am Oder-Havel-Kanal in **Niederfinow** gibt es ein **Schiffshebewerk**, das Schiffe 36 Meter hochhebt, damit sie einen höher gelegenen Kanal erreichen können. Es ist Europas größter Schiff-Fahrstuhl.

Über 3.000 Seen gibt's in diesem Bundesland, die durch zahlreiche Kanäle miteinander verbunden sind. Allein durch den **Spreewald** führt ein Labyrinth aus fast 1.000 Kilometern von Flüssen und Kanälen. Im Spreewald kannst du dich bei einer Kahnfahrt einfach mal treiben lassen.

Das Schiffshebewerk in Niederfinow

20 Sachsen-Anhalt

Landeshauptstadt: Magdeburg
Fläche: 20.446 km²
Einwohnerzahl: 2,44 Mio.

Die Himmelsscheibe von Nebra

In **Sachsen-Anhalt** finden sich viele Spuren der deutschen Geschichte, denn das Land war lange ein Zentrum der Herrscher, Gelehrten und der Kirche. Überall erzählen Burgen, Kirchen und Klöster von dem Leben der mittelalterlichen Könige, Ritter und Mönche. Die heutige Landeshauptstadt **Magdeburg** war Sitz des ersten deutschen Kaisers Otto I., der von 912 bis 973 lebte. Sein Grab befindet sich im Magdeburger Dom, der zwar 1207 verbrannte, aber wieder neu erbaut wurde.

Archäologen, also Wissenschaftler, die anhand von Überresten erforschen, wie die Menschen früher lebten, haben in der Stadt Nebra eine noch ältere Kostbarkeit gefunden: die **„Himmelsscheibe“**. Die mit Gold verzierte Scheibe aus Bronze ist unglaubliche 3.600 Jahre alt und zeigt die erste genaue Himmelsdarstellung, die Menschen angefertigt haben. Du kannst sie im Landesmuseum für Vorgeschichte in **Halle** bestaunen.

Quedlinburg

Modern wird's im **Bauhaus Dessau**, der wichtigsten deutschen Hochschule für Gestaltung des 20. Jahrhunderts. Dort entwarfen Künstler moderne Häuser und Alltagsgegenstände, von Möbeln bis zu Lampen.

In den Gassen der Altstadt von **Quedlinburg** findest du Fachwerkhäuser aus sechs Jahrhunderten. Die Stiftskirche auf dem Marktplatz birgt einen der kostbarsten Kirchenschätze des Mittelalters. Dazu gehört der Servatiusreliquiar. Das ist eine mit Gold verzierte Elfenbeinkiste aus dem Jahr 870. Reliquiare fertigte man zur Aufbewahrung von Gegenständen an, die man religiös verehrte, wie die Kleider eines Heiligen.

Das Bauhaus in Dessau

Biber in der Elbe

In den Auenlandschaften an der Elbe leben die seltenen **Elbebiber**. Sie sind die größten Nagetiere Europas. Doch neben unberührter Natur gibt es auch den Braunkohlebergbau und die Chemieindustrie in Bitterfeld.

Die Rappbodetalsperre

FRAG doch mal… **Was ist eine Talsperre?**

Stell dir einen Staudamm vor, der ein ganzes Tal durchtrennt. Eine Talsperre schützt vor Überschwemmungen und dient gleichzeitig als Wasservorrat und Kraftwerk, das Strom erzeugt. Die Rappbodetalsperre in Sachsen-Anhalt ist die größte Talsperre in Deutschland. Sie ist 415 Meter lang, 106 Meter hoch und kann auf einer Fläche, die etwa so groß ist wie 6.600 Fußballfelder, mehr als 109 Millionen Kubikmeter Wasser anstauen.

Das Martin-Luther-Denkmal auf dem Marktplatz in Eisleben

Wittenberg nennt sich auch die Lutherstadt. 1517 soll **Martin Luther** dort seine 95 Thesen an die Kirchentür genagelt haben. Er fand es nicht richtig, dass die Kirche den Menschen gegen Geld ihre Sünden vergab. In den Thesen erklärte er, was die Kirche seiner Meinung nach ändern sollte. Daraufhin spaltete sie sich in die katholische und die evangelische Kirche, die Martin Luthers Vorschläge verwirklichte. Auch **Eisleben** nennt sich Lutherstadt, denn dort ist er 1483 geboren und 1546 gestorben.

Wer wohnt wo?
Tiere in Deutschland!

Deutschland hat viele verschiedene Lebensräume für Tiere zu bieten: Wiesen, Felder und Wälder, Flüsse, Seen und Meere. Hier kannst du einige der Säugetiere und Vögel vom Lande, aus dem Wasser und aus der Luft kennen lernen.

Der **Waldkauz** ist eine Eulenart, die in Wäldern und Gärten wohnt. Seine Brutplätze können sowohl in Baumhöhlen als auch auf Dachböden, in Kirchtürmen oder Scheunen sein. Sie sind gleichzeitig ein gutes Versteck für den Tag, denn Waldkäuze sind fast nur nachts aktiv. Dann machen sie Jagd auf Mäuse, Maulwürfe und Frösche sowie Sperlinge und Stare.

Der **Rotfuchs** ist in Wäldern und Wiesen zu Hause. Aber immer öfter traut er sich auf seinen Beutezügen bis in die Städte. Bei der Nahrungssuche ist der Fuchs sehr erfinderisch: Neben Mäusen, Hasen oder Fischen stibitzt er sogar Hühner aus Ställen.
Sein Bau hat miteinander verbundene Gänge mit mehreren Notausgängen und unterirdischen Räumen zum Schlafen und zur Aufzucht der Welpen.

Das **Eichhörnchen** lebt am liebsten in Wäldern. Seinen buschigen Schwanz benutzt es zum Halten des Gleichgewichts beim Klettern und zum Steuern beim „Flug“ von Ast zu Ast. Außerdem kann es sich damit zudecken. Das Eichhörnchen ernährt sich hauptsächlich von Haselnüssen, Bucheckern, Fichtenzapfen und Pilzen. Einen Teil der Nahrung verbuddelt es in der Erde als Wintervorrat.

Die **Amsel** zählt zu den bekanntesten Vögeln in Deutschland. Sie gehört zur Gattung der Drosseln. Der melodiöse Gesang der Männchen klingt besonders schön. Früher lebte die Amsel nur in Wäldern. Aber im Laufe der Zeit hat sie sich auch in Parks und Gärten niedergelassen.

Das **Wildschwein** gehört zu den größten noch wild lebenden Tieren in Deutschland. Im Wald findet der Allesfresser seine Hauptnahrung: Bucheckern, Eicheln und Samen. Mit seinem Rüssel gräbt er geschickt Knollen und Wurzeln aus. Wildschweine suhlen sich gern im Schlamm, weil sie so das Ungeziefer auf ihrer Haut loswerden. Sie sind also saubere Tiere – genauso wie das Hausschwein, das vom Wildschwein abstammt.

Den **Seehund** kannst du an der Nordsee treffen. Sein Fell ist bräunlich oder dunkelgrau und hat oft schwarze Flecken. Seehunde sind gute Schwimmer und Taucher. Bis zu 45 Minuten können sie unter Wasser bleiben. Dort finden sie ihre Nahrung: Fische, Muscheln und Krabben. Junge Seehunde, die ihre Mutter verloren haben, nennt man „Heuler“, weil sie vor Hunger und Angst heulen. Sie werden dann von einer Seehund-Aufzucht-Station aufgenommen.

Berlin

Land und Landeshauptstadt
Fläche: 892 km^2
Einwohnerzahl: 3,4 Mio.

Berlin ist die Hauptstadt der Bundesrepublik. Es ist die größte Stadt in Deutschland, und gemessen an der Einwohnerzahl ist Berlin nach London sogar die zweitgrößte Stadt der Europäischen Union, die zurzeit immerhin aus 27 Ländern besteht.

Ein Stück der ehemaligen Berliner Mauer

Wo früher die **Mauer** stand, verläuft heute eine doppelte **Markierungslinie aus Pflastersteinen**. So kannst du genau sehen, wo die Mauer vierzig Jahre lang die Grenze zwischen den beiden deutschen Staaten bildete. An einigen Stellen hat man Stücke der Mauer zur Erinnerung an die Teilung Deutschlands stehen lassen.

Das Brandenburger Tor

Berlin hat eine ungewöhnliche Geschichte: 1961 wurde die Stadt durch eine Mauer geteilt, die Ost- und Westdeutschland voneinander trennen sollte. Mitten in dem Sperrgebiet der Mauer lag das Wahrzeichen Berlins, das **Brandenburger Tor**. Erst am 9. November 1989 wurde diese Grenze wieder geöffnet. Seit 1990 ist Berlin die Hauptstadt des wiedervereinigten Deutschlands und auch Sitz der Regierung.

Der Potsdamer Platz

Nach der Wiedervereinigung war der **Potsdamer Platz** lange Zeit nur eine riesige Baustelle. Heute stehen dort moderne, hoch in den Himmel ragende Gebäude. Mit dem schnellsten Fahrstuhl Europas kannst du auf die Aussichtsplattform des Kollhoff-Gebäudes fahren. Von dort hast du einen tollen Blick über die Stadt.

Die Weltzeituhr am Alex

Der **Alexanderplatz** ist ein zentraler Platz im Bezirk Berlin Mitte. Er wird kurz „Alex“ genannt. Dort steht die **Weltzeituhr**. Sie zeigt die Uhrzeiten aller 24 Zeitzonen der Welt an. Über der Uhr dreht sich eine vereinfachte Darstellung unseres Sonnensystems.

Auf dem gleichen Platz steht auch der **Fernsehturm**, das höchste Bauwerk in Deutschland. Er ist 368 Meter hoch!

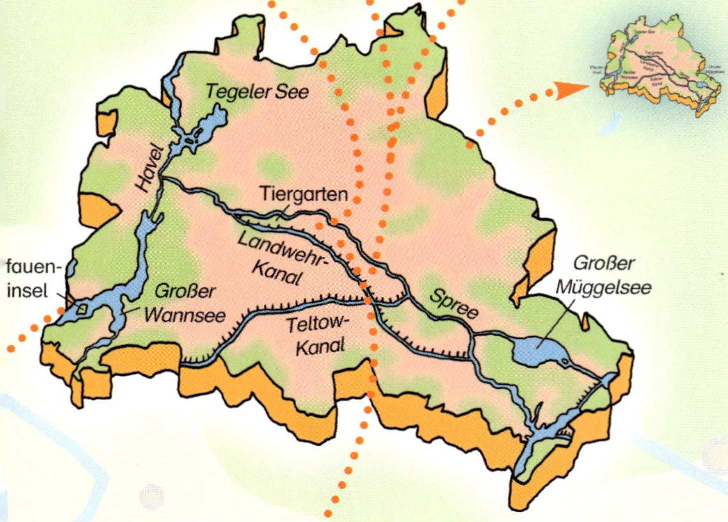

Der Berliner Fernsehturm

Die Berliner lieben ihre Stadt aber nicht nur wegen ihrer Geschichte oder der vielen Prachtbauten wie dem **Charlottenburger Schloss** oder dem **Berliner Dom**.
Sie schätzen vor allem auch, dass sie schnell raus „ins Grüne“ fahren können. Besonders im Sommer ist der **Wannsee** ein beliebtes Ausflugsziel zum Baden.

Die Spandauer Zitadelle

FRAG doch mal …

Wem dient die Spandauer Zitadelle noch heute als Zuflucht?

Im Winter suchen über 10.000 **Fledermäuse** in den Wehrgängen der **Spandauer Zitadelle** Schutz vor dem kalten Wetter. Die Festung wurde zwischen 1559 und 1594 erbaut. In der Ritterzeit haben sich die Herrscher hinter ihren dicken Mauern verschanzt. Heute kannst du in den verschiedenen Gebäuden Künstlern bei der Arbeit zusehen. Ein Puppentheater gibt’s ebenfalls, und mittelalterlich speisen kannst du dort auch!

Nordrhein-Westfalen

Landeshauptstadt: Düsseldorf
Fläche: 34.085 km²
Einwohnerzahl: 18,03 Mio.

Nordrhein-Westfalen ist das Bundesland mit der größten Bevölkerungszahl. Duisburg, Essen, Oberhausen, Gelsenkirchen, Bochum und Dortmund sind die Großstädte, die den sogenannten „Ruhrpott" bilden – das Ruhrgebiet. Dort leben und arbeiten rund fünf Millionen Menschen, so viele wie in keinem anderen Gebiet in ganz Europa.

Die Zeche Zollverein

Beim Namen Ruhrgebiet denkt man an qualmende Schornsteine und Fabriken. Denn die Region ist das größte Industriegebiet Europas. Was mit dem Kohleabbau begann, entwickelte sich zur Stahl- und Chemieindustrie. Die **Zeche Zollverein** in **Essen** war die größte und modernste Anlage der Welt, die täglich 12.000 Tonnen Steinkohle förderte. 1986 wurde sie geschlossen. Bei Führungen über das Gelände kannst du dich heute zwischen den gigantischen Maschinen auf die Spuren der Geschichte des Bergbaus machen.

Wildpferde in Dülmen

Der **Rhein** ist der größte und wasserreichste deutsche Fluss. An seinen Ufern liegt die Landeshauptstadt **Düsseldorf**. Dort findet jedes Jahr das **Radschläger-Turnier** statt. Der Brauch entstand im Jahr 1288, als Düsseldorf die Stadtrechte bekam und die Kinder vor Freude Räder schlugen.

Der Kölner Dom

Die Wuppertaler Schwebebahn

Etwa vierzig Kilometer rheinaufwärts liegt die Millionenstadt **Köln** mit ihrem berühmten Wahrzeichen, dem **Kölner Dom**. Im Jahr 1248 begannen die Kölner mit dem Bau des Doms. Erst 632 Jahre später war er fertig.

FRAG *doch mal...*

Stimmt es, dass ein Elefant mit der Wuppertaler Schwebebahn gefahren ist?

Man nennt die **Wuppertaler Schwebebahn** auch Hängebahn, weil sie nicht auf den Schienen fährt, sondern daran hängt. Sie ist ein tolles Verkehrsmittel: Stau, Schnee und Eis kümmern sie wenig. Nur Elefanten vielleicht! Es stimmt: Am 21. Juli 1950 bestieg der **Elefant Tuffi** die Schwebebahn. Aber nach kurzer Fahrt hatte Tuffi den „Rüssel voll" und sprang ins Freie. Zum Glück ist er in der Wupper gelandet und hat sich nur eine Schramme am Po geholt!

Schon in der Steinzeit lebten in Westfalen Menschen: die **Neandertaler**. Die ersten Überreste dieser Urmenschen entdeckten Steinbrucharbeiter 1856 im Neandertal. Bis heute ist es ein Rätsel, weshalb die Neandertaler verschwanden. Sicher ist aber, dass sie gute Jäger waren, Feuer machen und Werkzeug herstellen konnten.

So könnten Neandertaler ausgesehen haben

Im Westen liegt – wie der Name sagt – Westfalen. Dort, im münsterländischen **Dülmen**, gibt es die einzige Herde **frei lebender Wildpferde** in ganz Europa. Die Pferde sind kräftig, widerstandsfähig und genügsam und so perfekt an ihren Lebensraum unter freiem Himmel angepasst.

Hessen

Landeshauptstadt: Wiesbaden
Fläche: 21.114 km²
Einwohnerzahl: 6,08 Mio.

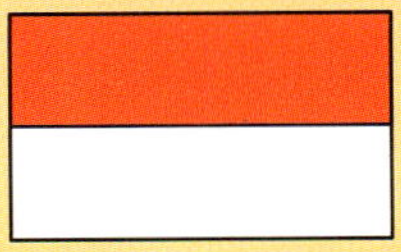

Wolkenkratzer in Frankfurt

Schon die Römer badeten in den heißen Quellen der Landeshauptstadt **Wiesbaden**. Das salzige Wasser der 26 Quellen ist sehr gesund und hilft bei vielen Krankheiten.

Aber auch wer lacht, lebt bekanntlich länger. Und das kannst du ausgiebig im **Harlekinäum** tun. Es ist das einzige **Lachmuseum** der Welt.
Dort tanzen die Regale, wächst ein Dschungel im Badezimmer, und ein Riesenkäse lädt zu einem Spaziergang durch sein Inneres ein.

Hessen liegt im Herzen Deutschlands und ist von sechs anderen Bundesländern umgeben. Es hat somit die meisten Nachbarländer. Hessen ist noch in anderer Hinsicht Spitzenreiter: Die Hochhäuser der Stadt **Frankfurt** gehören zu den höchsten in ganz Europa. Beim **Wolkenkratzer-Festival** werden die riesigen Gebäude auch für die Öffentlichkeit geöffnet.

Und der **Frankfurter Flughafen** ist der größte Flughafen Deutschlands. Von dort aus erreicht man über 250 Ziele in aller Welt.

Der Frankfurter Flughafen

Nachgebauter Limes-Wachturm

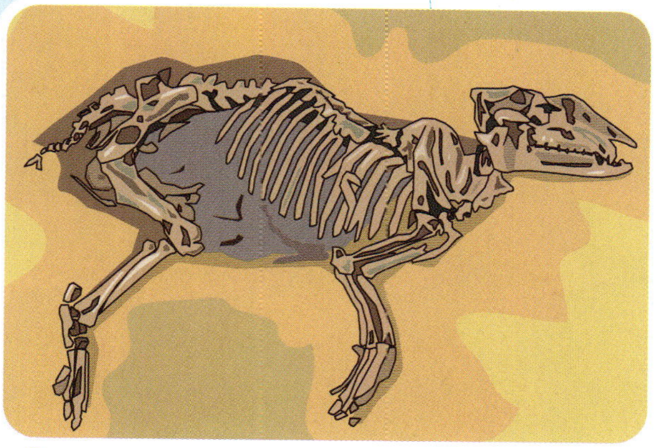

Fossiles Urpferdchen

In der Nähe von **Darmstadt** befindet sich die stillgelegte **Bergbau-Grube Messel**. Dort kannst du besonders gut erhaltene **Fossilien** – das sind Versteinerungen – von Insekten, Vögeln, Reptilien, Fischen, Säugetieren und Pflanzen entdecken.

Das Kloster Lorsch mit der Königshalle

Das **Kloster Lorsch** ist eine ehemalige Benediktiner-Abtei im Süden von Hessen. Nur solche Klöster durften sich Abtei nennen, denen ein Abt oder eine Äbtissin vorstand. Die Tor- oder auch Königshalle ist in Deutschland das einzige vollständig erhaltende Baudenkmal aus der Zeit der Karolinger. Die Karolinger wurden Mitte des 8. Jahrhunderts Könige.

Nach der Chinesischen Mauer ist der **Römische Limes** das längste Denkmal der Welt. In der Antike kennzeichnete der 550 Kilometer lange Wall die Grenze zwischen dem Römischen Reich und den germanischen Stämmen. Er führt auch durch das heutige Hessen, wo Teile des Grenzwalls, etwa die **Saalburg** bei **Bad Homburg**, komplett rekonstruiert wurden.

FRAG doch mal ...

Warum nennt man Deutschland das „Land der Dichter und Denker"?

Tatsächlich stammen aus Deutschland viele bedeutende Dichter und Philosophen. Sie denken über den Sinn des Lebens und die Rolle des Menschen in der Welt nach. Der Ausdruck wurde von einem gebildeten Mann namens **Wolfgang Menzel** in die Welt gesetzt. 1836 sagte er: „Die Deutschen tun nicht viel, aber sie schreiben desto mehr. Das sinnige Volk liebt es, zu denken und zu dichten." Der wohl bekannteste Dichter Deutschlands ist **Johann Wolfgang von Goethe**. Er wurde 1749 in Frankfurt am Main geboren und schrieb unter anderem das Gedicht vom „Erlkönig" und das Theaterstück „Faust".

Was wächst wo?
Natur in Deutschland!

Deutschland teilt sich in vier Naturräume auf: das Norddeutsche Tiefland (es heißt so, weil es im Norden eher flach ist), die Mittelgebirgsschwelle, das Alpenvorland und die Alpen. Diese Zonen sind nicht sichtbar voneinander abgegrenzt, aber du kannst sehr unterschiedliche Landschaften erkennen und viele verschiedene Pflanzen entdecken:

Laubwald im Herbst

Buchen und **Buchen-Mischwälder** sind von der Küste bis in die Alpen weit verbreitet. Für die Umgebung von Flüssen und Seen sind Eichen-Buchen-Mischwälder typisch. Auf eher sandigem Boden wachsen vor allem Kiefern und Birken.

Mischwald

Die **Mittelgebirgsschwelle** setzt sich aus mehreren Gebirgen zwischen ungefähr 500 und 1.000 Metern Höhe zusammen. Es trennt den Norden vom Süden Deutschlands. Das nördlichste Mittelgebirge ist der Harz. Dort siehst du viele **Laub- und Mischwälder**, **Moore** und **Bergwiesen**. Im Westen liegt das Rheinische Schiefergebirge mit der Vulkaneifel. Sie wird von Vulkankratern, Bimsstein- und Basaltablagerungen und

Heidefläche

Im **Norddeutschen Tiefland** gibt es viele Gewässer wie die Mecklenburgische Seenplatte. Dort findest du **Moore** oder **Heidelandschaften**, zum Beispiel die Lüneburger Heide. Auch **Kiefern** fühlen sich in diesem Umfeld wohl. Weil die Temperaturen von Nordsee und Niederelbe das ganze Jahr über eher mild sind, eignet sich das sogenannte „Alte Land" bei Hamburg hervorragend für den Anbau von **Obst**.

Kraterseen beherrscht. Östlich davon erhebt sich das Erzgebirge, in dem wegen seines rauen Klimas viele **Latschenkiefern** wachsen. Bizarre Formen bildet das Elbsandsteingebirge der Sächsischen Schweiz. Der Schwarzwald und die Schwäbische Alb schließen sich im Süden an.

Edelweiß-blüte

Im **Alpenvorland** in der Region an der Donau wachsen viele **Fichten**. Diese Nadelbäume gedeihen besonders gut auf feuchtem und nassem Boden. Dadurch stehen sie allerdings bei starkem Wind und Unwetter nicht besonders sicher. Deshalb hat man dort **Tannen** und **Buchen** „beigemischt“, um die Fichten sozusagen sturmsicher zu machen.

Fichten-zapfen

Die anschließenden **Alpen** sind das größte Gebirge Europas. Der höchste Berg der deutschen Alpen ist mit 2.962 Metern die Zugspitze. Die Alpen sind bekannt für ihre blühenden **Almwiesen**. Und wenn du Glück hast, entdeckst du beim Wandern ein Wahrzeichen der Alpen: das **Edelweiß** mit seinen Blütensternen.

Kartoffel

Mais

Raps

Roggen

Für die **Landwirtschaft** werden überall in Deutschland Nutzpflanzen angebaut. Dazu gehören **Kartoffeln**, **Mais** und der leuchtend gelbe **Raps**. Auf den Getreidefeldern stehen **Gerste**, **Roggen**, **Hafer** und **Weizen**.

Thüringen

Landeshauptstadt: Erfurt
Fläche: 16.172 km²
Einwohnerzahl: 2,31 Mio.

Because of the many forests, Thuringia is called „The green heart of Germany."

...egen seiner vielen Wälder und ...uch das „grüne Herz Deutsch-...

Mitten im Kyffhäusergebirge stehen noch heute Reste der im 11. und 12. Jahrhundert errichteten **Reichsburg Kyffhausen**. Sie ist eine der größten und stärksten Burganlagen in Deutschland und hat den tiefsten Burgbrunnen der Welt (176 Meter).

Goethe und Schiller

Das Kyffhäuser-Denkmal

Aber besonders beeindruckend ist das 81 Meter hohe **Kyffhäuser-Denkmal** aus dem 19. Jahrhundert. Es besteht aus einem Reiterstandbild von Kaiser Wilhelm I. und einer steinernen Figur von Kaiser Barbarossa. Wenn du alle 247 Stufen hinaufsteigst, kannst du bis zum Harz sehen.

Die zwei bekanntesten deutschen Dichter, **Goethe** und **Schiller**, lebten um 1800 in **Weimar**. In ihren Wohnhäusern kannst du auch die Arbeitszimmer besichtigen, in denen die beiden Schriftsteller viele ihrer Werke geschrieben haben.

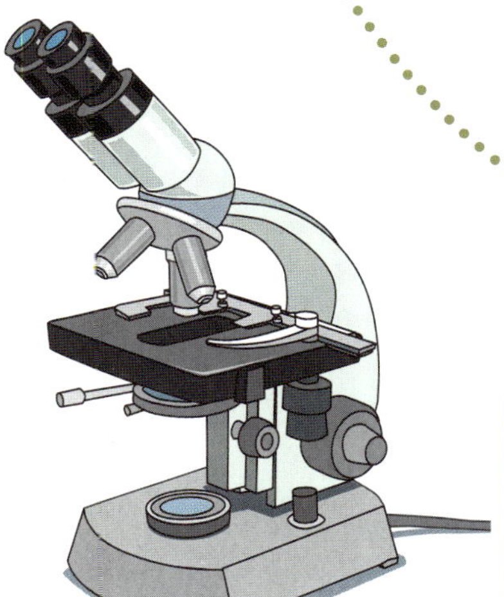

Jena ist berühmt für seine Glas- und Optikindustrie. **Carl Zeiss** gründete dort 1846 eine Werkstatt, die auf die Herstellung von **Mikroskopen** und anderen optischen Geräten spezialisiert war.

Jena is very famous for the glas and optic industry.
In the year 1846 Carl Zeiss (a german mechanic) founded a workshop, where microscopes are still made today.

...r Firma erfand um 1920 das ...ns. Das Publikum war von den ...stert, dass 1926 in Jena das ...r Welt eröffnet wurde. Darin ...den Sternenhimmel erleben.

Das Zeiss Planetariu...
in Jena

The Wartburg was built 1067. 1521 Martin Luther (german priest) hid there and translated the new testament of the Bible into German, so that everyone who couldn't speak Latin, was able to read it.

Die **Wartburg** liegt hoch über der Stadt **Eisenach** und wurde der Legende zufolge im Jahre 1067 gegründet. 1521 versteckte sich **Martin Luther** dort und übersetzte das Neue Testament der Bibel vom Lateinischen ins Deutsche. Seitdem konnten auch die einfachen Menschen die Bibel selbst lesen und waren nicht mehr auf die Gelehrten der Kirche angewiesen.

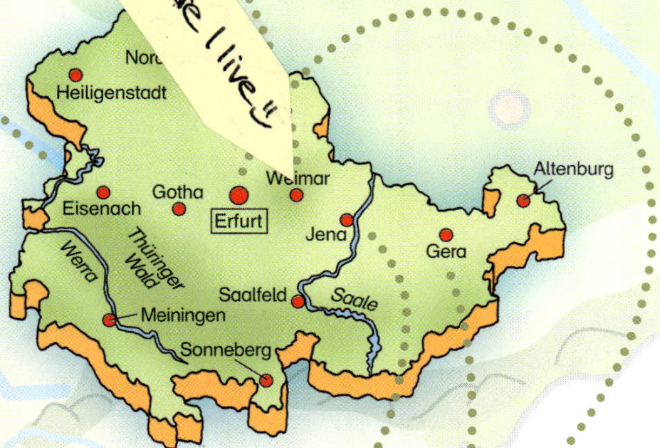

Die Wartburg

Viel später wurde die Wartburg Namenspatronin für ein Auto, das von 1956 bis zum Ende der DDR in Eisenach gebaut wurde – dem **Wartburg**. Er und der **Trabant** (kurz Trabi) aus der sächsischen Stadt Zwickau waren die verbreitetsten Automarken in der DDR.

Even a car got the name from the castle in Eisenach. The Wartburg & the Trabant (Trabi) were the most popular car brands in the DDR (East Germany)

Elf Meter unter der Erde liegt das **Museum im Höhler Nr. 188** in **Gera**. Dort erfährst du alles über Minerale und den Bergbau in Ostthüringen. Über 700 **Minerale** gibt es zu bestaunen. Während einer Show werden sie von einem speziellen Licht angestrahlt und leuchten dadurch besonders farbenfroh auf.

FRAG *doch mal...*

Gab es wirklich ... der Menschen ...

Ja, und die gibt es heute noch! Die **Krämerb...** Landeshauptstadt **Erfurt** ist die einzige Brück... Wohnhäusern bebaut ist. Von den ehemals 62 Häusern, ... Händler lebten und arbeiteten, ist noch die Hälfte erhalten.

Sachsen

Landeshauptstadt: Dresden
Fläche: 18.416 km²
Einwohnerzahl: 4,25 Mio.

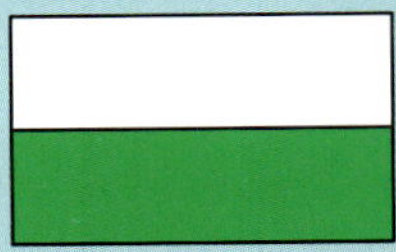

Sachsen hat mit seinen vielen Burgen und Schlössern zahlreiche Sehenswürdigkeiten zu bieten. Eine davon ist der **Zwinger** in der Landeshauptstadt **Dresden**. Im Jahre 1709 wurde er als ein Festplatz für Turniere und andere Spiele am Hofe des sächsischen Adels gebaut. Weil der prächtige Bau zwischen der äußeren und der inneren Festungsmauer eingezwängt liegt, wurde er Zwinger genannt und heißt auch heute noch so.

Liliputeisenbahn in Leipzig

Die **Parkeisenbahn Auensee** in **Leipzig** wurde 1951 gegründet. Die Liliputeisenbahn mit einer Spurweite von 381 Millimetern, also nur etwas breiter als ein langes Lineal, gehört zu den kleinsten dieser Art in Deutschland. Bis zu 130 Personen haben Platz in den acht Personenwagen, die rund um den Auensee fahren.

Die Semperoper

Auch die berühmte **Semperoper** aus dem 19. Jahrhundert steht in **Dresden**. Sie wurde nach ihrem Erbauer, dem Architekten Gottfried Semper, benannt. Sowohl innen als auch außen ist sie mit vielen prunkvollen Verzierungen geschmückt.

Wenn du in **Loschwitz** in Dresden die Elbe mit dem Auto überquerst, kannst du das **„Blaue Wunder“** erleben. Denn so wird die metallene Hängefachwerkbrücke dort genannt.

Das „Blaue Wunder“ in Loschwitz

Das Kosmonautenzentrum

Die drittgrößte Stadt Sachsens nach Leipzig und Dresden ist **Chemnitz**. Dort befindet sich das **Kosmonautenzentrum „Sigmund Jähn“**, in dem du an richtigen Raumfahrttests teilnehmen kannst. Du erfährst dort Wissenswertes über Weltraumforschung und Raumfahrt. In einer Raketenkabine hast du die Möglichkeit, das Leben im All nachzuempfinden. Sigmund Jähn war übrigens der erste Deutsche im Weltall.

Meißener Porzellan

FRAG doch mal...

Wo gibt es „Weißes Gold“, und was ist das?

Bei seinen vergeblichen Versuchen Gold herzustellen, entwickelte der Apothekergehilfe Johann Friedrich Böttger 1706 ein neues Material – das **Porzellan**. Diese Erfindung war damals viel wert und wurde deshalb auch das „Weiße Gold“ genannt. In der Stadt **Meißen** entstand dann die erste Manufaktur, eine Fabrik zur massenhaften Herstellung von Porzellan. Seitdem ist das Meißener Porzellan weltberühmt.

Wo heute hohe Berge in den Himmel ragen, war vor 80 Millionen Jahren, in der Kreidezeit, ein Meer. Heute eignen sich die zerklüfteten Felsen des **Elbsandsteingebirges** toll zum Klettern. Es gibt über 1.100 Klettergipfel, viele Wanderwege und Höhlen, in denen man auch übernachten kann.

Die „Sächsische Schweiz“ im Elbsandsteingebirge

Rheinland-Pfalz

Landeshauptstadt: Mainz
Fläche: 19.853 km²
Einwohnerzahl: 4,05 Mio.

Rheinland-Pfalz besteht aus vielen verschiedenen Regionen und Landschaften. Wenn du dieses Bundesland bereist, kommst du durch die Flusstäler des Rheins, siehst Mittelgebirge, wie den Westerwald im Norden und den Taunus im Osten, und fährst durch zahlreiche hügelige Weinanbaugebiete. Den **Wein** brachten die Römer mit, die sich vor zweitausend Jahren in diesem Gebiet angesiedelt hatten.

Die Porta Nigra

Die Römer hinterließen noch mehr Spuren in Rheinland-Pfalz: Die Landeshauptstadt **Mainz** wurde von den Römern gegründet. Sie hieß damals Mogontiacum.

Und in **Trier**, der ältesten Stadt Deutschlands, steht die **Porta Nigra**. Sie ist das am besten erhaltene römische Stadttor nördlich der Alpen.

Der Mäuseturm bei Bingen

Viele Burgruinen wie der **Mäuseturm** bei **Bingen** zeigen, dass im Mittelalter entlang des Rheins Edelleute und Ritter lebten. Aber wie kam der Mäuseturm zu seinem Namen? Angeblich wollte der Mainzer Bischof Hatto den Armen während einer Hungersnot nichts aus seinen gefüllten Kornkammern abgeben. Darum haben ihn die Mäuse bei lebendigem Leibe gefressen.

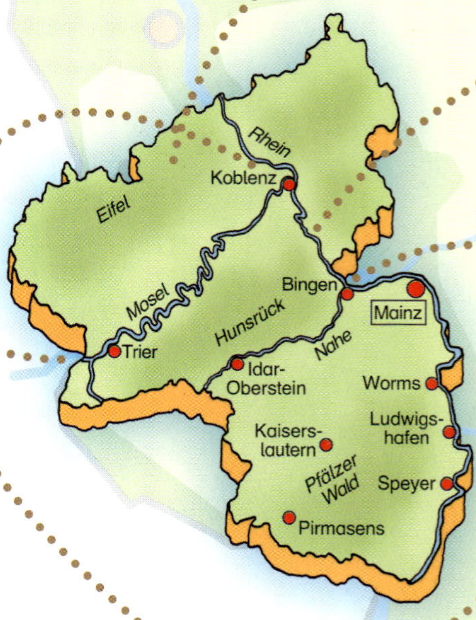

Der Geysir Andernach

Der Dom zu Speyer

Der Bau des **Kaiserdoms** zu **Speyer** begann um das Jahr 1030 und dauerte bis 1106. Acht Kaiser und Könige liegen dort zusammen mit ihren Gemahlinnen begraben.

Der Loreley-Felsen

Bei St. Goarshausen, wo der **Rhein** eine gefährliche Stromschnelle birgt, soll die **Loreley** auf einem Felsen gesessen haben. Der Sage nach hat die Schöne dort ihr langes, blondes Haar gekämmt, was die Schiffer so sehr ablenkte, dass sie in die Stromschnelle gerieten und mitsamt ihren Schiffen untergingen. Heute ist der Felsen nach ihr benannt.

FRAG doch mal… Was ist der Kaltwassergeysir in Andernach?

Geysire sind heiße Quellen, die ihr Wasser in einer Fontäne hoch in die Luft stoßen. Bei dem **Kaltwassergeysir** nahe **Andernach** sorgt jedoch nicht etwa heißer Wasserdampf, sondern eine Menge Kohlensäure für den Druck, der das Wasser nach oben katapultiert. Das funktioniert wie eine Mineralwasserflasche, die zuerst kräftig geschüttelt und dann geöffnet wird. Etwa alle 100 Minuten stößt der Geysir Andernach eine etwa 60 Meter hohe Fontäne aus und ist damit der höchste Kaltwassergeysir der Welt.

Der Luftkurort **Bad Nürburg** mit der Burg Nürburg ist vor allem bekannt wegen des sogenannten **Nürburgrings**. Dort finden regelmäßig spektakuläre Formel-1-Rennen statt. Außerdem wird er von der Autoindustrie als Test- und Prüfstrecke für neue Fahrzeuge genutzt.

Der Nürburgring

Was ist wo los?

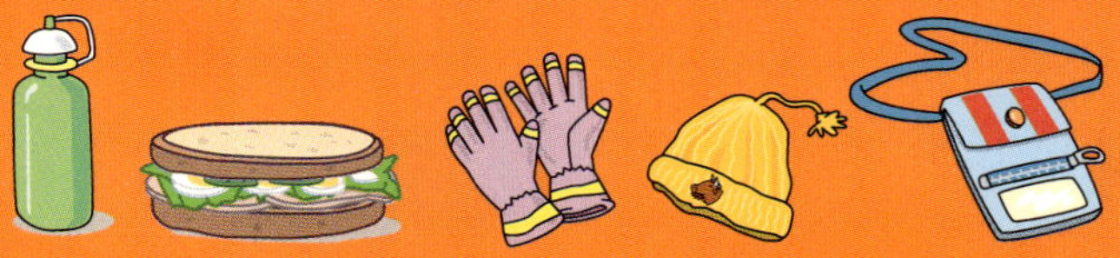

Ausflug-Tipps für Deutschland!

Jede Region in Deutschland hat ihre Besonderheiten: Zoos, Museen, Naturparks, Denkmäler oder alte Schlösser und Burgen. Die Maus zeigt dir von Nord nach Süd und für jedes Bundesland tolle Ausflug-Tipps.

Sprungfeuer im Karl-May-Spiel

Schleswig-Holstein: Im Freilichttheater am Kalkberg in Bad Segeberg kannst du mitten zwischen galoppierenden Cowboys sitzen, Colts knallen hören und bei einem Indianerüberfall dabei sein. Die Karl-May-Spiele finden jeden Sommer statt.

Mecklenburg-Vorpommern: Hast du schon vom Bernsteinzimmer gehört? König Wilhelm I. schenkte es dem russischen Zaren Peter dem Großen. Dann haben es deutsche Soldaten während des Zweiten Weltkriegs abgebaut. Seitdem ist es verschwunden ... Im Bernsteinmuseum in Ribnitz-Damgarten erfährst du alles über das „Gold des Nordens" und darfst selbst Bernsteine schleifen und polieren.

Ein in Bernstein eingeschlossenes Insekt

Niedersachsen: Verfolge im Piratenamüseum in Wilhelmshaven die Spuren von Klaus Störtebeker und anderen großen Seeräubern. Spannende Ausstellungsstücke und Erlebnisräume erzählen von ihren Abenteuern auf den sieben Weltmeeren.

Hamburg: Wenn du in Hamburg bist, schau dir unbedingt den Alten Elbtunnel an. Vier große Fahrstühle befördern PKWs, Radfahrer und Fußgänger in die Tiefe. Unten führen zwei über 400 Meter lange Tunnelröhren auf die andere Seite der Elbe.

Bremen: Bei einer Führung durch den Bremer Flughafen siehst du aus nächster Nähe bei den Starts und Landungen zu und besuchst die Feuerwehr im Flughafengelände. Dort findest du auch die „Bremen". Das Flugzeug hat als Erstes den Atlantik überquert.

Falke

Brandenburg: Auf der Burg Rabenstein gibt es Flugvorführungen mit echten Falken! Was früher nur ein Vergnügen für den Adel war, erlebst du hier hautnah mit.

Sachsen-Anhalt: In der Glasmanufaktur Harzkristall in Derenburg siehst du, wie viel Fingerspitzengefühl und vor allem wie viel Puste man braucht, um aus einem Glastropfen eine Vase, Lampenschirme oder Weihnachtsschmuck zu machen.

Berliner Olympiastadion

Berlin: Im Berliner Olympiastadion fand das Finale der Fußball-Weltmeisterschaft 2006 statt. Entdecke die beeindruckende Perspektive des Stadions, das für die Olympischen Spiele 1936 erbaut wurde, die Spielerkabinen und die unterirdische Aufwärmhalle.

Nordrhein-Westfalen: Die größte Tropfsteinhöhle Deutschlands findest du im Sauerland. Wenn du den 80 Meter langen Zugangsstollen der Atta-Höhle bei Attendorn hinuntersteigst, gelangst du in die schillernde Welt der Stalagmiten (von unten nach oben wachsende Tropfsteine) und Stalaktiten (von oben nach unten wachsende Tropfsteine).

Attahöhle

Hessen: „Welche Form hat ein Regentropfen?“ Diese und andere Fragen rund ums Wetter werden im Wetterpark Offenbach beantwortet. Besonders sehenswert ist der Sonnenkalender, der nicht nur die Uhrzeit, sonder auch das Datum anzeigt.

Bachdenkmal

Thüringen: Die Klänge eines Spinetts oder einer Hausorgel aus dem 18. Jahrhundert erklingen im Bachhaus in Eisenach. Genau wie zu Lebzeiten des Komponisten Johann Sebastian Bach, als er dort mit seiner Familie musizierte und komponierte.

Die Albrechtsburg in Meißen

Sachsen: In der Albrechtsburg in Meißen zeigen einzigartige Wandmalerein wie ein Bilderbuch die sächsische Geschichte. Und vielleicht triffst du ja auch das Schlossgespenst Albin oder die Kräuterhexe Meissina.

Rheinland-Pfalz: Wie sich der Straßenbau entwickelt hat, erforschst du im Deutschen Straßenmuseum in Germersheim. Bildtafeln, Fahrzeuge und Maschinen veranschaulichen, welche Bedeutung Straßen hatten und haben.

Grammofon

Bayern: Im Kindermuseum in Nürnberg hast du die Möglichkeit, das Leben deiner Großeltern und Urgroßeltern kennzulernen. In der Backstube kannst du selber Brötchen backen und auf dem Holzofen kochen – und die Musik kommt aus einem Grammofon.

Blick vom Gipfel des Hausberges

Baden-Württemberg: Die längste Seilumlaufbahn Deutschlands steht in Freiburg. Von der Talstation Schau-Ins-Land schwebst du auf den Gipfel des Freiburger Hausberges in 1.284 Metern Höhe.

Saarland: Entdecke im Historischen Museum Saar die unterirdischen Wehranlagen der Saarbrücker Burg und werde selbst zum Archäologen. Setze Scherben wieder zu Gefäßen zusammen und pause Steinmetzzeichen aus dem Mittelalter ab.

Bayern

Landeshauptstadt: München
Fläche: 70.552 km²
Einwohnerzahl: 12,49 Mio.

Die Zugspitze

Bayern ist das größte aller Bundesländer. Seine niedrigste Stelle liegt bereits 107 Meter über dem Meeresspiegel, denn die Region besteht nur aus Hochland und Gebirgen. Das sind das Mittelgebirge, die Schwäbische und Fränkische Alb, das Alpenvorland und die Alpen. Die höchste Stelle ist die **Zugspitze** mit 2.962 Metern.

Für die 20. Olympischen Sommerspiele 1972 in **München** wurde eine riesige „Sport-Stadt" gebaut: der **Olympiapark**. Dazu gehören das Stadion, drei Sporthallen, eine Schwimmhalle, ein Eissportzentrum, eine Tennisanlage, ein Radstadion, das Olympische Dorf und ein Park. Heute finden im Olympiapark Veranstaltungen statt, und jeden Tag trainieren dort bis zu zweitausend Sportler.

Das Wahrzeichen der Landeshauptstadt **München** ist die **Frauenkirche** mit den zwei Türmen, deren Dächer die Form von Zwiebeln haben. Sie wurden in nur 20 Jahren, von 1468 bis 1488, erbaut. Das war im Mittelalter, als es kaum Maschinen gab, um die Arbeit zu erleichtern, eine Rekordzeit.

Die Münchener Frauenkirche

Schloss Neuschwanstein

Der König von Bayern, Ludwig II., der von 1845 bis 1886 lebte, verwirklichte mit dem Bau des **Schlosses Neuschwanstein** seine Idealvorstellung einer mittelalterlichen Burg. Und so erinnert es, im Stil einer deutschen Ritterburg erbaut, eher an ein Märchenschloss als an ein Schloss aus dem 19. Jahrhundert.

Burg zu Nürnberg

Hoch über **Nürnberg** thront die **Kaiserburg**. Zwischen 1050 und 1571 wohnten immer mal wieder die deutschen Könige und Kaiser in der Burg. Da sie sonst leer stand, mussten die Nürnberger die Burg dann schnell mit Möbeln einrichten.

Berühmt ist Nürnberg für den **Christkindlesmarkt**. Dort kannst du einen Blick in die Lebkuchen-Backstube werfen. Das geheime Rezept für die **Nürnberger Lebkuchen** ist schon sechshundert Jahre alt. Damals war das Gebäck etwas ganz Besonderes, denn die Gewürze aus fernen Ländern wie Pfeffer, Ingwer und Zimt waren selten und teuer.

FRAG doch mal...

Was ist ein Englischer Garten?

Der Englische Garten in München wurde nach dem Vorbild englischer Landschaftsgärten gestaltet. Solche Parks haben keine exakt angelegten Beete und beschnittenen Hecken. Sie sollten so aussehen, als wären sie natürlich gewachsen, und einen schönen, abwechslungsreichen Anblick bieten, so wie ein Gemälde.

Englischer Garten

Nicht nur in Afrika, sondern auch im **Allgäu** kann man sie treffen: Kamele! Auf der **Kamelfarm** kannst du auf dem Rücken der „Wüstenschiffe" reiten und den Unterschied zwischen Dromedaren und Trampeltieren herausfinden.

Kamele im Allgäu

Baden-Württemberg

Landeshauptstadt: Stuttgart
Fläche: 35.751 km^2
Einwohnerzahl: 10,74 Mio.

Das Heidelberger Schloss

Baden-Württemberg beheimatet den größten See Deutschlands – den Bodensee. Er ist so groß, dass sich seine Oberfläche aufgrund der Erdkrümmung nach oben wölbt. Deshalb kann man zum Beispiel von Konstanz am Westufer aus nie das Ostufer des Sees sehen.

In der **Steinzeit** bauten die Menschen ihre Häuser am **Bodensee** auf Pfähle. Das hatte den Vorteil, dass die **Pfahlbauten** nicht überschwemmt wurden, wenn der Wasserspiegel des Sees anstieg. Außerdem konnte man von den Häusern aus leicht Fische fangen.

Im **Heidelberger Schloss** regierten vom 13. bis 18. Jahrhundert die Kurfürsten aus der Pfalz. Jeder Fürst baute und veränderte das Schloss nach seinen Vorstellungen. Der eine fügte einen Palast hinzu, der andere einen Prunksaal, und wieder der nächste ließ eine prächtige Gartenanlage errichten. Nach der Zerstörung im 17. Jahrhundert hat man das Schloss nie wieder völlig aufgebaut. Aber die Ruine ist noch immer wunderschön.

Steinzeitliche Pfahlbauten am Bodensee

Deine Ausdauer kannst du im **Stäffele** der Landeshauptstadt **Stuttgart** trainieren. Fast zwanzig Kilometer Stufen hat das Viertel, das aus zahlreichen Treppen besteht. Sie führten früher zu den Terrassen der Weinberge, die man in Süddeutschland auch „Staffeln" nennt.

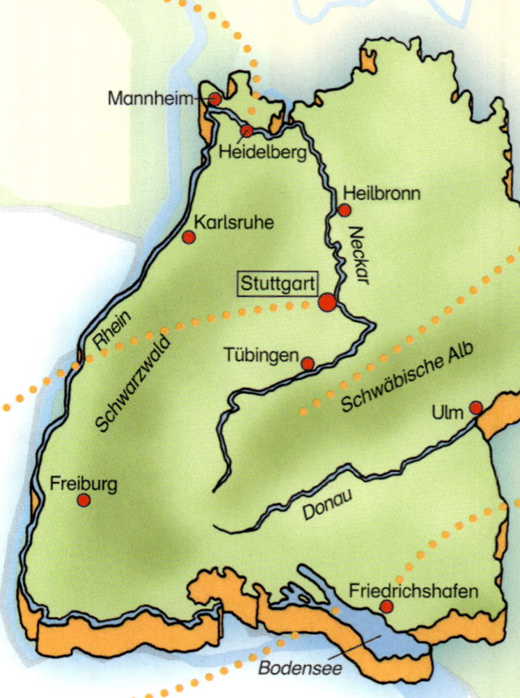

Die Burg Hohenzollern

Eine berühmte deutsche Adelsfamilie, aus der die Könige von Preußen kamen, hatte seinen Stammsitz in Baden-Württemberg: die **Hohenzollern**. Noch heute leben auf der gleichnamigen Burg bei **Hechingen** die Nachfahren des preußischen Königs Friedrich II.

Die Hindenburg

FRAG *doch mal…*

Wer sagte: „Man muss nur wollen und daran glauben, dann wird es gelingen"?

Das ist ein Zitat von **Ferdinand Graf von Zeppelin**. Es bezog sich auf die Entwicklung des nach ihm benannten Fliegers. In Friedrichshafen stieg im Jahr 1900 erstmals so ein „fliegender Gigant" über der Stadt auf. Im **Zeppelin Museum Friedrichshafen** kannst du die Rekonstruktion der legendären „Hindenburg" besichtigen und viel über die Geschichte der Luftschifffahrt erfahren.

Das Land der Schwaben und Badener galt schon immer als Land der Tüftler. Ende des 19. Jahrhunderts erfand dort so ein Tüftler, der Ingenieur **Gottlieb Daimler**, den Benzinmotor. Zur selben Zeit baute **Carl Friedrich Benz** das erste Automobil.

Das erste Automobil mit Benzin-Antrieb

Das Ulmer Münster

Der höchste Kirchturm der Welt ist 162 Meter hoch und gehört zum **Ulmer Münster**. Im Jahr 1377 begannen die Bürger der Stadt mit dem Bau der Kirche. 1543 ging ihnen das Geld aus, und so ruhten die Bauarbeiten über dreihundert Jahre, bis 1844 weitergebaut werden konnte. 1890 wurde das Münster schließlich vollendet.

Saarland

Landeshauptstadt: Saarbrücken
Fläche: 2.569 km²
Einwohnerzahl: 1,04 Mio.

Das **Saarland** verdankt seinen Namen dem Fluss, der dort hindurchfließt, der Saar. In den letzten zweihundert Jahren musste es achtmal seine Nationalität wechseln. Mal gehörte es zu Frankreich, mal zu Deutschland, und mal war es ein eigener Staat. Erst seit 1957 gehört das Saarland zur Bundesrepublik Deutschland.

Der Stiefel bei St. Ingbert

Das Wahrzeichen der Stadt **St. Ingbert** ist eir Stiefel – aber nicht irgen ein Stiefel! Er ist aus **Buntsandstein**. Wind und Wasser verformten den Stein, bis er die For eines Stiefels hatte. Seit Tausenden von Jahren bestaunen Menschen den Felsen.

Der alte Saarkran in Saarbrücken

Früher gab es im Saarland sehr viel Kohle- und Stahlindustrie. Noch immer siehst du überall im Land Spuren aus diesen Tagen: Zum Beispiel den alten **Saarkran** in **Saarbrücken**, oder Arbeitersiedlungen, die im 19. Jahrhundert errichtet wurden, wie die **Bergwerkssiedlung** in **Göttelborn**. Bei Dillingen gibt es noch heute große Stahlwerke. Am Hafen der Saar stehen Hochofentürme und rauchende Schlote.

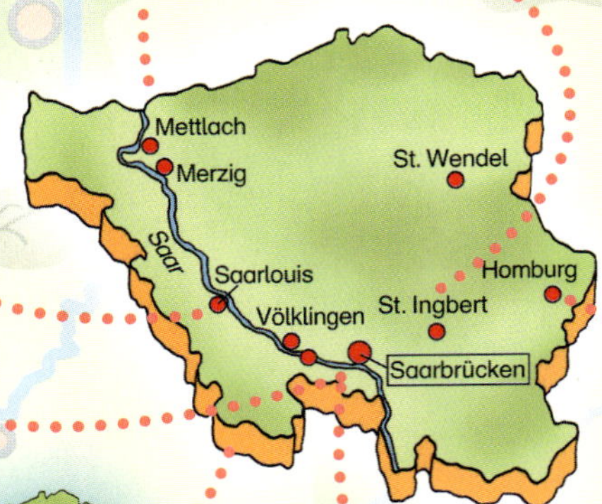

Die **Schlossberghöhlen** in **Homburg** sind die größten von Menschen geschaffenen Buntsandsteinhöhlen Europas. Sie entstanden durch den Abbau von Buntsandstein und den Bau von Lagerräumen für die Steine. Drei von zwölf Stockwerken, durch die kilometerlange Gänge führen, kannst du erkunden. Besonders schön sind die Kuppelhallen.

Die Schlossberghöhlen in Homburg

FRAG *doch mal...*

Gibt es in Saarbrücken wirklich einen Urwald?

Seit 1997 gibt es den **„Urwald vor den Toren der Stadt“** bei **Saarbrücken**. In dem Naturschutzgebiet wird auf die wirtschaftliche Nutzung von Holz verzichtet, und die Natur kann sich auf ihre eigene Weise entfalten. Umgefallene Bäume, Baummoose, Pilze und Blüten wuchern frei vor sich hin. Und da „Urwald“ ja nichts anderes bedeutet, als dass der Wald noch ursprünglich ist, kann man in diesem Fall tatsächlich von einem „Urwald“ sprechen.

Urwald

Die **Burg Neufelsberg** wurde wahrscheinlich zwischen 1354 und 1390 erbaut. Sie wird auch die „Teufelsburg“ genannt. Der Sage nach soll ein Ritter der Burg vor einem Kampf einen Pakt mit dem Teufel geschlossen und ihm seine Seele verkauft haben. Als sogenannte Kampfburg wurde sie in zwei Anlagen gebaut. Der obere Teil eignete sich zur Überwachung und der untere zur Verteidigung zum Tal hin.

Die Teufelsburg bei Saarlouis

Wölfe im Wolfspark Merzig

Die Stadt **Merzig** im Saartal ist auch als „Stadt der Wölfe“ bekannt, denn dort leben verschiedene Arten von Wölfen zusammen. Seit über 30 Jahren wird im **Wolfspark** das Verhalten der Tiere erforscht.

Deutschland-Spiel mit der Maus

Für dieses Spiel brauchst du mindestens einen Mitspieler, Spielfiguren und einen Würfel.

Jetzt kennst du dich in Deutschland aus. Also, auf geht's um die Wette von Nord nach Süd! Wer als Erster die Zugspitze erreicht, hat gewonnen.

Wer zuerst eine sechs würfelt, darf beginnen. Dann zieht reihum jeder Mitspieler auf der orangen Reiseroute so viele Felder vor, wie er gewürfelt hat.

Landest du auf einem gelben Feld, kannst du der Ente folgen und eine Abkürzung zu dem orange-grün markierten Feld nehmen.

Kommst du auf ein blaues Feld, machst du es wie der Elefant und legst eine kleine Pause ein: Du setzt einmal aus.

Wenn du auf ein rotes Feld kommst, musst du den roten Weg gehen, auch wenn es ein kleiner Umweg ist …

Gewonnen hat, wer als Erster mit einem direkten Wurf das Zielfeld erreicht.
Gute Reise und viel Spaß!

ZIEL
O
N
S
W

Register